D1729741

für Flo, Nelly und Lucie

MENSCHEINANDER

Text: Michael Schellberg
Illustrationen: Dorina Tessmann

Vocalbar, Berlin

Vorwort 04

Anfang und gutes Ende 06

Im Zwischen das Menschliche 09

In die Frage stellen 10

Den Menschen Mensch sein 13

Mittendrin statt nur dabei 14

Lady Contenance 17

Fake you Goethe 18

Kein Grund sich zu entschuldigen 21

Mühelose Mühe 22

Quel Malheur? 25

Zum Ich das Du 26

So sieht das dann aus 29

Endlich unendlich 30

Zwischen Überfluss und Mangel 33

Eine gewisse Geschmeidigkeit 34

Fürchtet Euch nicht 37

Vollkommen unvollkommen 38

Erfinden, was das Zeug hält 41

Ich sehe was, was ich nicht sah 42

VORWORT

Michael Schellberg gehört zu den Unbelehrbaren.

Seit ich ihn kenne, geht er stur davon aus, dass wir nicht allein auf der Welt sind. Mir ist dieser Ausgangspunkt sympathisch, weil ich finde, dass er das Leben erleichtert. Man kann ja nicht völlig ausschließen, dass Schellberg recht hat, und wenn da draußen tatsächlich noch andere sind, ist Vorsicht geboten. Besser, wir machen sie uns nicht zu Feinden – wer weiß, wozu sie fähig sind. Besser, wir lassen den Colt erst mal stecken – womöglich wollen sie nur mitspielen, mitmachen, mittrinken, mitlachen. Und wer weiß, ob wir das am Ende gar nicht so schlecht finden.

Wenn man sich dann aber doch in die Quere kommen, wenn man sich doch in die Wolle kriegen sollte – ist ja nicht auszuschließen, sind eben doch andere –, sind wir jedenfalls nicht schuld. Und was – mischt sich Schellberg nun wieder ein – was, wenn keiner schuld wäre? Weder die anderen noch wir?

Was, wenn wir deshalb und aus genau diesem Grund eines Tages ganz aufhören würden, nach einem Schuldigen zu suchen? Was, wenn wir stattdessen das ganze Leben als ein großes ... Experiment verstehen würden, wo immer mal was schiefgehen, sogar richtig knallen kann?

Dann (so befürchte ich, würde dieser unbelehrbare Schellberg jetzt sagen) lernen wir eben draus. Machen es das nächste Mal anders. Versuchen auf jeden Fall nicht, mit dem Kopf durch die Wand zu gehen, und sparen uns vor allen Dingen den Spruch: Ich hab' schon alles versucht. Es hat nämlich noch keiner jemals alles versucht. Die Möglichkeiten, ewige Feindschaft im letzten Moment noch abzuwenden, sind viel zu zahlreich, und im Übrigen: Die anderen da draußen sind auch nur Menschen.

In diesem Sinne – viel Vergnügen.
Leo G. Linder

ANFANG UND GUTES ENDE

Wären die Menschen doch aufmerksamer, freundlicher und zuvorkommender. Ach wären sie doch ein klein wenig mehr so – wie wir selbst.

Vielleicht grüßt mein Nachbar ja zurück, wenn ich ihn einfach mal grüße. Vielleicht lächelt die unfreundliche Bedienung, wenn ich Danke sage. Vielleicht hört mir ja wirklich einer zu, wenn ich nicht stundenlang davon rede, warum Zuhören so wichtig ist.

Vielleicht, vielleicht auch nicht. Aber bestimmt sollten wir das Paradies öfter in unserer eigenen Welt suchen. Und da anfangen, wo jede unserer Geschichten ihren Anfang und ihr gutes Ende nehmen kann: bei uns selbst.

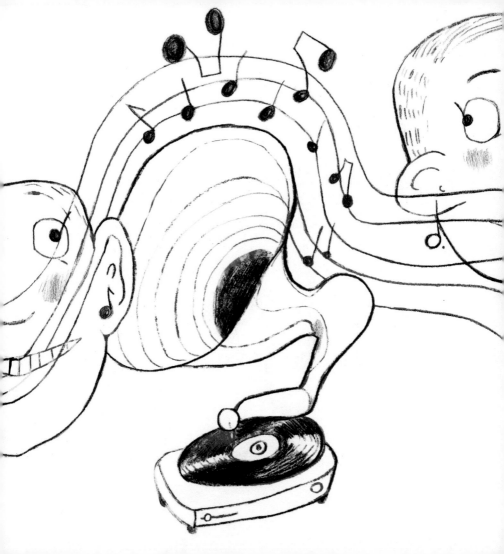

IM ZWISCHEN DAS MENSCHLICHE

Im Zwischen spielt die Musik. Im Zwischen findet Begegnung statt. Der Zwischenraum, der sich aufspannt, wenn keiner macht, sondern beide sind. Im Zwischen kommen wir zur Ruhe, wo sich jeder zeigen kann: so wie er ist, wie er sein möchte und könnte. Wo keiner die Wahrheit mit Löffeln frisst, und niemand jemandem die Leviten liest.

Wo Neues, Tiefes und Lustiges entsteht. Wo Einsicht, Irrtum und Freude zu Hause sind. Wo jeder bei sich, weil beim Anderen ist.

Wo einer zu wenig ist, weil es zwei braucht. Zwei, die mehr lassen als tun, zwei die hören: *zu, hin* und *hinein*. Zwei Seelen, die einander berühren.

Die Glücklichen.

IN DIE FRAGE STELLEN

Richtig oder falsch? Was weiß denn ich. Manchmal beides, manchmal keines. Im Miteinander ist mehr Frage als Antwort gefragt, mehr Mut sich selbst in Frage zu stellen. Zum Beispiel in die 17. aus Max Frischs wunderbarem Buch FRAGEBOGEN:

Überzeugt Sie Ihre Selbstkritik?

Kritik soll ja Geschenk sein und eingeschenkt wird reichlich. Vom Selbst dem Anderen. Im Brustton der Überzeugung: Dass früher alles besser war und morgen alles schlechter wird als es eh schon ist. Der Höfliche ist der Dumme, der Unhöfliche der andere. Klappe zu, Wohlwollen tot.

Finger zeigen eben lieber auf fremde Nasen als auf eigene. Keine Frage.

DEN MENSCHEN MENSCH SEIN

Liebe Deinen Nächsten wie Dich selbst steht im 3. Buch Mose und der Chor aus Beethovens Neunter schmettert: *Alle Menschen werden Brüder!*

So viel WIR auf einmal. Aber warum sollte mich das Glück meiner Mitmenschen eigentlich kümmern? Wo ich schon mein eigenes nicht finde?

Weil *„selbst allein"* gegen *„wir zusammen"* auf einsamem Posten steht. Weil die unsichtbare Hand des Marktes niemanden streichelt und der Ego-Trip in der Einsamkeit endet. Während die anderen gemeinsam denken, reden, lachen, weinen und knutschen. Mit Menschen Tisch, Bett, Sorgen und Freuden teilen: that's the way love goes.

Der Mensch ist dem Menschen auch Wolfe, aber in erster Linie ist der Mensch dem Menschen Mensch.

MITTENDRIN STATT NUR DABEI

Terenz sagt: *Ich bin Mensch, mir ist nichts Menschliches fremd.*

Gott sagt: *Ich habe einen großen Garten.*

Dort tummeln sich wunderliche Wesen: wir. Unter sich und unter Fremden. Als Alte unter Jungen und als Junge unter Mädchen. Mit Sternchen und Unterstrich. Mit Stock im Arsch unter Geweihen überm Hintern. Als Lauch unter Fleischbergen, aus höherem Hause down to earth. Auge in Auge, mit und ohne Zähne. Als Kartoffel bei Habibi. Als Neigeschmeckter im Deutschländle. Als Hänschenklein unter Legenden. Als denk-mir-meinen Teil unter geradeaus. Hochdeutsch, Dialekt oder radebrechend, in a foreign language mit Händen und Füßen. In den Armen und manchmal auch am Hals. Achselzuckend, begeistert, abgeschreckt und aufgeweckt.

Am besten lernt man den Umgang mit Menschen eben unter Menschen.

LADY CONTENANCE

Zu viel Gefühl? Ach was! Ich unterdrücke keine Emotionen. Schon gar nicht meine eigenen. Schnauze Kopf, ich höre auf Bauchgefühl! Gerne ohne Sinn und Verstand. Niemals ohne mein Herz am rechten Fleck, das ich auf der Zunge trage.

Ist ja gut, denkt sich derweil die Contenance und gibt gelassen mit John Cleese zu bedenken: *Wer seine Emotionen nicht kontrollieren kann, der versucht das Verhalten anderer zu kontrollieren.* Empfindlich, nicht sensibel.

Wer kopflos die Contenance verliert, verliert Gesicht und Mitmensch. Wer alles so heiß isst, wie es gekocht wird, hat mehr Meinung als Ahnung und jede Menge Urteil, während er trotzig auf 180 mit Scheuklappen um sich selbst kreist.

Contenance: Damit das Allzumenschliche mal die vorlaute Klappe hält und das Menschliche Luft zum Atmen hat.

FAKE YOU GOETHE

Im Deutschen lügt man, wenn man höflich ist, liess Goethe schon im Faust den Baccalaureus sagen. *Faust in der Tasche,* nicht unser Ding: *Nett* ist die kleine Schwester von *Scheiße* und böse sind die Gutmenschen. Auf hohle Phrasen à la *„Wie geht es Ihnen?"* antworten wir auf gut Deutsch unverhohlen: BESCHISSEN!

Wir wollen um jeden Preis die Wahrheit, ob sie angenehm oder unangenehm ist. Ungeschminkt muss sie sein, die Wahrheit: ISSO! Höflichkeit kann mich mal. Ein Hoch auf Sankt Tacheles! Während Ihr noch zwischen den Zeilen lest, winken wir schon munter mit dem Zaunpfahl, Ihr Vollpfosten!

Au Backe! Denkt sich da die Höflichkeit und seufzt auf die Frage, ob man lügt, wenn man höflich ist: *Hoffentlich.*

KEIN GRUND SICH ZU ENTSCHULDIGEN

Ich fragte Siri nach dem Weg. Korrigierte mein Ziel und entschuldigte mich. Siri antwortete wohlwollend: *Kein Grund sich zu entschuldigen.* Formvollendet. Ich war gerührt. Siri erklärt für überflüssig, was nicht überflüssig ist. Das Lieblingsspiel aller Acht- und Aufmerksamen.

Aufmerksam sagt achtsam *Danke, Bitte* oder *Sorry.* Nun erklärt Achtsam aufmerksam eben diese Achtsamkeit für überflüssig: *gern geschehen, keine Ursache, da nicht für, jederzeit, nicht der Rede wert oder Schwamm drüber.*

Soweit, so wunderbar. Blöd ist nur, wenn niemand *Danke, Bitte* oder *Sorry* sagt. Statt Spaß an der Freud das Ende aller Spielfreude. So gerne hätten wir für überflüssig erklärt, was nicht überflüssig war.

Egal. Was soll's. De nada. Kein Grund sich zu entschuldigen.

MÜHELOSE MÜHE

Ich springe nicht wie von der Tarantel gestochen auf, sondern schwebe leicht wie eine Feder. Ich schließe Fenster auch dann, wenn mir selbst nicht zieht und hebe für andere auf, was ihnen herunter fiel, ohne dass ihnen auffiel, dass ich aufhob, was fiel. Ich mache mir die Mühe, mühelos zu sein.

Man nennt mich *Sprezzatura*. Ich habe die Lizenz zur Lässigkeit. Ich bin die Kunst, die verbirgt und bezeigt, dass alles was man tut, lässt, sagt oder verschweigt ganz mühelos und ohne großes Nachdenken zustande kam.

Aber ist der Umgang mit Menschen nicht bisweilen sehr mühsam?

Natürlich ist er das, doch will ich davon nichts wissen.

QUEL MALHEUR?

Die Höflichkeit kennt nur sich selbst: Unhöflichkeit? Nie gehört. Fettnäpfchen? Klingt ja grauenvoll. JA zur Freude mit Menschen und NEIN zur Angst vor Fehlern! *FEHLER*, allein schon dieses hässliche Wort. Es gibt nur nur einen Fehler: Fehler zu benennen.

Wer ohne Fehler ist, der werfe den ersten Stein, wer mit mir ist, erhebe sein Glas! Trinkt jemand versehentlich aus der Fingerschale, die zum Reinigen der Hände gedacht ist, erheben wir unsere eigene Fingerschale zu einem herzerwärmenden Toast auf einen ganz wunderbaren Menschen!

Schlage jede Etikette in den Wind, wenn Du dadurch anderen Menschen eine Peinlichkeit ersparen kannst.

ZUM ICH DAS DU

ICH sucht DU. Und findet DICH. Wenn DU unter die Leute geht und sich als DU zeigt, dann begegnet DIR Dein ICH. Im Spiegel der anderen. Wenn DU zu DU statt zu ES sprichst. Wenn das ICH das DU in jeder Begegnung für möglich hält, dann geht so einiges zwischen Menschen. Wenn DU mit kindlicher Begeisterung den Menschen im Menschen suchst, dann wird DU DICH finden. Wenn niemand nie bloßes Mittel sondern immer auch Zweck ist. Wo Mittel sich in Luft auflösen begegnen wir einander.

Wo das Mittel aber das DU zum ES macht, wo die anderen zu bloßen Dienern unserer Zwecke werden, da bleiben wir einander fremd. Wo DU nur noch JEMAND ist, da kann sich NIEMAND mehr begegnen.

Wo das DU niemanden interessiert, nur das, was ES mir bringt, meinem ICH, das eigentlich bloß EGO ist.

ego GO
Home

SO SIEHT DAS DANN AUS

Wer beim anderen bleibt, kommt nie zu sich. Wer bei sich bleibt, nie zum anderen. *Schau mich an* sagt das Verhalten, lass' die Menschen Mensch sein. Weil was andere tun, auch Du tust. Weil was andere lassen, auch Du lässt.

Schau auf mich, sagt das Verhalten. Dann siehst Du Dich: In Unverschämtheit, Ungeduld und Unsicherheit. In Überheblichkeit, Überforderung und Übertreibung. Schamlos, respektlos, ohne Anstand und Gewissen.

Nein, das ist nicht was ganz anderes! Weil wir alle different but the same sind und die, die erwarten, meist lange warten.

ENDLICH UNENDLICH

Zwischen Menschen geht ne Menge schief: Aus Mücken werden Elefanten, aus Missverständnissen Konflikte, aus Liebe Rosenkrieg; ohne Humor geht da wenig.

Humor bringt uns zum Lachen, wenn uns zum Heulen zu Mute ist. Mit ihm lachen wir über uns lauter als über andere, erzählen die guten Witze und lachen über die schlechten.

Das Leben ist zu kurz, um es uns gegenseitig zur Hölle auf Erden zu machen; und zu lang, um uns nicht am Paradies auf Erden zu versuchen. Scheitern inklusive, ohne den Humor zu verlieren. Sehr witzig.

Humor ist die Betrachtung des Endlichen vom Standpunkt des Unendlichen. Wissen wir seit Christian Morgenstern.

Wir Endlichen, die so unendlich komisch sind.

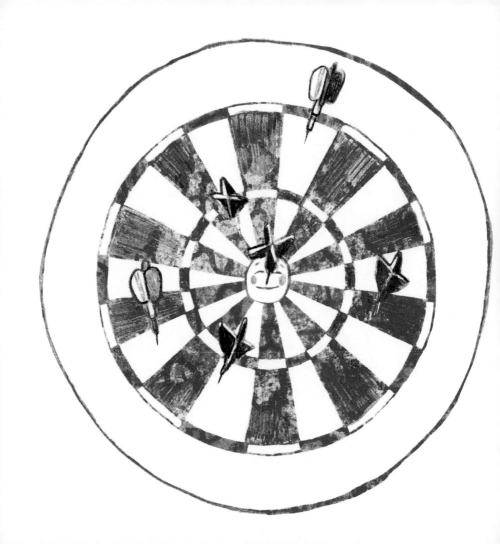

ZWISCHEN ÜBERFLUSS UND MANGEL

Mittelmaß, das klingt nach grauer Maus, nach 3 minus, nach B-Movie, nach: macht nix kaputt. Doch die Mitte zwischen Überfluss und Mangel ist eine goldene: Zwischen zu viel und zu wenig liegt genug. Zwischen feige und tollkühn tapfer, zwischen hitzköpfig und phlegmatisch besonnen. Zwischen kriegt keinen Ton raus und Frikadelle am Ohr liegt angenehm. Und da liegen sie gut, die mittleren Maße.

Weil zu oft drüber ständig draußen heißt und immer zu wenig nicht mehr dabei. Weil goldene Mitte immer glänzenden Eindruck macht. Niemanden ungefragt siezt oder duzt, gute Fragen stellt ohne auszufragen, Geschichten erzählt ohne zu langweilen und gut ankommt ohne sich anzubiedern. Angemessen. Damit das eigene Glück zum Glück der Vielen werden kann.

Wir sind so frei.

EINE GEWISSE GESCHMEIDIGKEIT

Heinrich Böll verachtete die Höflichkeit, weil er sie mit Dünkel verwechselte: La Bruyère erwidert: Lieber Schein als gar kein Sein und Alain schätzte höfliche Menschen weil sie erkennen, wo das Menschliche im Zwischenmenschlichen Schaden nehmen könnte, bevor es Schaden nimmt.

Für Adolph Freiherr Knigge ist die Kunst im Umgang mit Menschen der Wille zur Geschmeidigkeit.

Die Kunst, sich bemerkbar, geltend, geachtet zu machen, ohne beneidet zu werden; sich nach den Temperamenten, Einsichten und Neigungen der Menschen zu richten, ohne falsch zu sein; sich ungezwungen in den Ton jeder Gesellschaft stimmen zu können, ohne weder Eigentümlichkeiten des Charakters zu verlieren, noch sich zu niedriger Schmeichelei herabzulassen.

Es braucht ein Menschenleben, sich in dieser Kunst zu üben.

Es wird ein erfülltes sein.

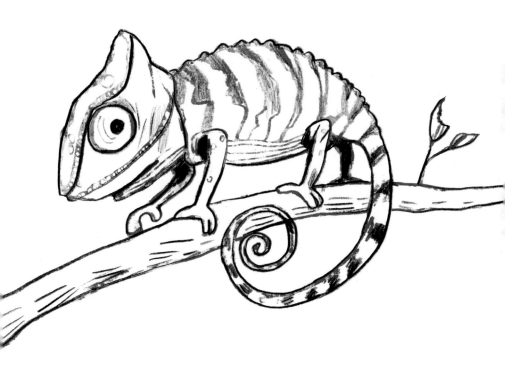

FÜRCHTET EUCH NICHT

Unhöflichkeit ist nichts weiter als ein Ausdruck von Angst. Die Menschen fürchten, nicht das zu bekommen, was sie möchten. Würden sie doch nur geliebt und sie gingen auf wie eine Blume.

Sagt Monsieur Gustave, Concierge im Grand Budapest Hotel. Wie wahr: Vordrängler, Nörgler, Buffet-Turmbauer, Wutbürger und Internet-Trolle sind zu kurz gekommene Liebesbedürftige. All you need is love, love is all you need. Weil Liebe sagt: *Fürchtet Euch nicht! Liebe Deinen nächsten wie Dich selbst.* Die gute alte Bibel, um keine höhere Einsicht verlegen. Weil: wie *Dich* selbst.

Ohne Liebe zu uns selbst bleibt die Angst. Vor sich und seinen Nächsten. Wer sich selbst nicht leiden kann, fängt an sich zu bemitleiden: *Wie sollen mich die mögen, die ich nicht mag, weil ich mich nicht mag? Sie gucken mich mit dem Arsch nicht an, mit dem ich immer alles einreiße.*

Ich hasse meine Nächsten wie mich selbst.

MON DIEU!

VOLLKOMMEN UNVOLLKOMMEN

Kein Mensch ist perfekt, alle ganz schön unperfekt. Aber alles gut, sagt der koreanische Videokünstler Nam June Paik, weil: *when too perfect, lieber Gott böse*. So strebe nach Vollkommenheit im Wissen, dass Dein Streben unvollkommen bleibt.

Glückliche Menschen, wie wir da so unseren Stein den immer gleichen Berg hoch rollen. *Probier' noch mal. Und wenn nicht, probierst Du es eben noch mal. Mach Fehler, sogar die selben, nur aufgeben gilt nicht.*

So hört sich Gnade an: Einander vergeben und ermutigen, weiter zu machen. Im Wissen, dass Miteinander ohne Mit Ohneeinander ist. Dass es unerträglich wird, wenn ertragen unmöglich und an Stelle von Gelassenheit Gnadenlosigkeit das Urteil fällt.

Weil lieber Gott dann wirklich böse.

ERFINDEN, WAS DAS ZEUG HÄLT

Wer nackt im Glashaus sitzt, der sieht vor lauter Steinen die eigene Nacktheit nicht. Der glaubt seine Meinung sei ISSO. Is aber Blödsinn. Wer aber seine Meinung fürchtet, der glaubt nicht länger den Scheiß, den er über sich und andere denkt. ISSO!

Pippi Langstrumpf sagt zu Tommi und Annika: *Ihr müsst erfinden, was das Zeug hält, weil könnte ja sein, dass ihr selbst die Axt im Walde seid als die Euch die anderen begegnen. Haltet zu Gute, pocht nicht aufs Schlechte. Malt Euch doch die Welt so, dass sie uns gefällt!* Wer an die Wahrheit glaubt, der erfindet eine Realität, in der die Möglichkeiten wachsen.

Das haben wir vorher noch nie gemacht, sagt Pippi: *also bin ich völlig sicher, dass wir es schaffen. Isso.*

ICH SEHE WAS, WAS ICH NICHT SAH

Die Menschen gehen mir auf die Nerven. Denken nur an sich und nicht an mich. Reden obwohl ich was zu sagen hätte. Machen sich Gedanken, die ich längst gedacht und Erfahrungen, die ich längst gemacht.

Erklären Selbstverständliches zum Besonderen. Stehlen mir die Show mit ihrer Kleingeistkunst. Streicheln ihr Ego statt mich in den Arm zu nehmen. Lassen, was sie tun könnten und tun, was sie lassen sollten. Leben auf ihrem eigenen Planeten.

So *wie Du auf mir,* spricht da mein Planet zu mir.
So wie ich auf Dir. Denke ich.
Und sehe was, was ich nicht sah:

Ihre Mühe mit mir.

Erste Auflage 2021
Verlag: Vocalbar, Berlin
Alle Rechte vorbehalten

© 2021 Vocalbar, Berlin
Text: Michael Schellberg
Illustrationen und Gestaltung: Dorina Tessmann

Druck: Im Auftrag von Tack Design
ISBN: 9 783939 696230